tredition®
www.tredition.de

Petra Vogler, Ulrich Nägele

Personalentwicklung goes Agile

Strategische Personalentwicklung für agiles Projektmanagement im digitalen Zeitalter

© 2020 Petra Vogler, Ulrich Nägele

Verlag und Druck: tredition GmbH, Halenreie 40-44, 22359 Hamburg

ISBN
Paperback: 978-3-347-08003-4
Hardcover: 978-3-347-08004-1
e-Book: 978-3-347-08005-8

Inhaltsverzeichnis

Abstract

With the Digital Age being a reality there is significant impact on organizational and work culture. Paradigm change has become a fact that penetrates all aspects of life. With respect to that, personnel development and leadership are getting a new focus. Self-organization has to be deepened and agile structures have to be implemented appropriately and concisely. The Digital Age and agile organizational development have become a single holistic unit on an emergent level. This evolution must be reflected in the way in which organizations and institutions define, deliver, and develop their leadership and employee programs. After presenting the nature and challenge posed by agility in the Digital Age, the article goes on to explore how organizations can strategically work on the development and establishment of agile competences within their frameworks.

This article would like to give employees in human resources and organizational development a kind of strategic guideline that enables them to develop, enhance and strengthen agile skills in a targeted manner.

After a general introduction, we focus in particular on the area of agile project management, as this has a pioneering function for the further agile development of companies.

Zusammenfassung

Das digitale Zeitalter hat erhebliche Auswirkungen auf die Organisations- und Arbeitskultur. Der Paradigmenwechsel ist zu einer Tatsache geworden, die alle Aspekte des Lebens durchdringt. In dieser Hinsicht erhält die Personalentwicklung im Hinblick auf Mitarbeiter- und Führungskompetenzen einen neuen Fokus. Die Selbstorganisation muss beispielsweise vertieft und agile Strukturen angemessen und präzise umgesetzt werden. Das digitale Zeitalter und die agile Organisationsentwicklung sind auf einem aufstrebenden Niveau zu einer einzigen ganzheitlichen Einheit geworden. Diese Entwicklung muss sich in der Art und Weise widerspiegeln, wie Organisationen und Institutionen ihre Personalentwicklungs-, Mitarbeiter- und Führungsprogramme definieren, umsetzen und entwickeln. Nachdem die Art und Herausforderung von Agilität im digitalen Zeitalter vorgestellt wurde, wird in dem Beitrag gezeigt, wie Unternehmen strategisch an der Entwicklung und Etablierung agiler Kompetenzen innerhalb ihrer Rahmenbedingungen arbeiten können.

Dieser Beitrag gibt Personal- und Organisationsentwicklern einen strategischen Leitfaden an die Hand, welcher ihnen ermöglicht, gezielt agile Kompetenzen zu entwickeln, aufzubauen und zu stärken.

Wir fokussieren dabei nach einer allgemeinen Einführung insbesondere auf den Bereich des Agilen Projektmanagements, da dieses eine wegweisende Funktion für die agile Weiterentwicklung von Unternehmen hat.

1.   Einführung - Agilität im Digitalen Zeitalter

Warum und wie kann die Beschäftigung mit dem Thema Agilität und seinen Inhalten für die Entwicklung von Mitarbeitern und Führungskräften im heutigen Geschäftsumfeld von Bedeutung sein?

Wenn wir über Agilität sprechen, möchten wir zunächst verstehen, warum der Begriff in aktuellen Diskussionen über die Weltwirtschaft, die dynamische und volatile Marktrealität, den technologischen Wandel sowie die digitale Transformation und die Umstrukturierung von Arbeit und organisatorischer Umstände derart populär geworden ist. Nachfolgend eine Darstellung, die den Zusammenhang grafisch deutlich macht.

	Vom Industrie- zum Wissenszeitalter			
Managementstil	Management 1.0	Management 2.0	Management 3.0	Management 4.0
	Taylorismus	Lean Management	Agiles Management	Scaled Agile
	Hierarchischer Aufbau Top-down Entscheidungen Kontrolle	Zusammenarbeit Flachere Hierarchien	Systemische Führung Das System gestalten	Netzwerkkomplexität Digital Leadership Wissensmanagement
Arbeitsform	Zeitalter der Industrialisierung	Massenproduktion	Neoliberalismus, Ordnungspolitik	Multiple intelligente Vernetzung
Industrieform	Dampfmaschine und mechanische Produktion	Elektrifizierung	IT-Technik	Internet der Dinge (IoT)

Abbildung 1:   Überblick zu den verschiedenen Phasen der Arbeitsteiligkeit in der Menschheitsgeschichte[1]

---

[1]Angelehnt an: Claudia Haußmann, 2018,

https://www.butterflying.de/kulturwandel-voraussetzungen/

Die Menschen durchliefen in der Geschichte der Produktion und Arbeit verschiedene Zeitalter wie die oben eingefügte Darstellung "Vom Industriezeitalter zum Wissenszeitalter (vgl. Haußmann 2018)" veranschaulicht.

Nachdem die Menschheit den größten Teil ihrer bisherigen Geschichte als Jäger und Sammler verbracht hat, ging sie nach dem Ende der Eiszeit an unterschiedlichen Orten der Erde zur Landwirtschaft über, d.h. es entwickelte sich das Zeitalter der Agrarwirtschaft, welches durch Pflanzenanbau und Tierzucht neue Formen der Arbeit und Organisation mit sich brachte.

Im Anschluss daran kam es im Laufe der industriellen Revolution, welche im 18. Jahrhundert ihre Anfänge mit der Einführung mechanischer Produktionsanlagen mit Wasser- und Dampfkraft verzeichnete, dann im 19. Jahrhundert zum Wachstum der Industriestädte. Als für diese Arbeits- und Organisationskultur geeignet erschien ein Führungs- bzw. Managementstil, dessen Formen sich u.a. in strenger Hierarchie und Top-Down-Entscheidungen manifestierten und weiterentwickelten (vgl. Taylorismus).

Mit der Erzeug ung elektrischer Energie beginnt die Industrie der arbeitsteiligen Massenproduktion und es kommt damit einhergehend zu einer stärkeren Betonung der Zusammenarbeit (Lean Management). Ab ca. 1969 entwickelte sich durch den Einsatz von Elektronik und IT die Systemkomplexität und damit auch das Thema Leadership/Führung. Das Informations- oder Digitalzeitalter ist in erster Linie durch eine Verlagerung von mechanischer und elektronischer Technologie zu Digital- und Kommunikationstechnologie gekennzeichnet und bedeutet daher Veränderungen und Herausforderungen für das Zusammenspiel von digitaler Technologie, Organisation und

Beschäftigung sowie für die Art und Weise, wie Führungs- und Mitarbeiterrollen und entsprechende Arbeitskulturformen definiert und praktiziert werden. Es hieß nunmehr "manage the system, not the people", bekannt unter dem Begriff Management 3.0. Weiter ausdifferenziert wurde im Wissenszeitalter das Thema Vernetzung von einzelnen Bauteilen und Systemen. Die Arbeit wird immer vernetzter und flexibler, das Thema Netzwerkorientierung zentral. In diesem Kontext wird von Management 4.0 (Scaled Agile) gesprochen, zugleich die Führungsrolle verstärkt im Bereich der Digitalen Transformation verortet.

Bolten und Berhault (2015) betonen, dass zur Beschreibung der Kontextbedingungen der „Arbeitswelt 4.0" in der Managementliteratur gegenwärtig gerne auf das Akronym VUCA[2] zurückgegriffen wird, welches bedeutet: Volatilität, Unsicherheit, Komplexität und Ambiguität. Diese "erscheinen als Merkmale von Arbeitsumwelten, die sich aufgrund hoher Veränderungsdynamiken disruptiv verändern, die Agilität sowohl ihrer Strukturen als auch ihrer Akteure fordern und fördern und die gleichzeitig charakterisiert sind durch die Vielfalt und Fuzzyness der zur Verfügung stehenden Denk- und Handlungsoptionen (vgl. Wagner 2018: 30) (Bolten, Berhault 2015: 105)."

Der revolutionäre Charakter des digitalen Zeitalters und seine Auswirkungen auf Arbeitskultur und Organisation, Wissensmanagement sowie Zusammenarbeits- und Führungsstil wurden schon vor einigen Jahren von vielen analysiert und diskutiert (vgl. Zysman, Newman 2006; Brynjolfsson, McAfee 2011; Apelo 2011; Buhse, Reinhard

---

[2] VUCA ist ein Akronym und steht im Original für die Begriffe Volatility, Uncertainty, Complexity und Ambiguity (vgl. Abidi, Joshi 2015).

2009; DDI 2012/2013; Kahnemann 2011; Bosch, Bosch-Sijtsema 2014; Bosch, Hanssen, Alves 2014; Häusling, Von Gloeden 2013; Vogler, Lindeman 2015). Diese Studien haben die Notwendigkeit einer Änderung von Zusammenarbeits- und Führungsstilen im digitalen Zeitalter diskutiert und Vorschläge unterbreitet, welche dabei Prinzipien wie Beweglichkeit, Kreativität, Anpassungs- und Improvisationsfähigkeit, systemische Kompetenz, Beziehungsfokus und starke Kunden- und Stakeholderorientierung, Weltoffenheit und globale Denkweise, intuitive und interdisziplinäre Arbeitsstile, Mentoring- und Coaching-Fähigkeiten sowie humane Orientierung, Diplomatie und Empathie hervorheben.

Inhaltlich scheint beispielsweise agile Führung auf den Elementen transformative Führung (Bass, 1990), strategische Führung (Davies, Davies 2004), situative und lernorientierte Führung (Hersey et al. 2001) und soziale Führung (Guglielmo, Palsule 2014) aufzubauen. Ebenso betont werden systemische Perspektiven wie Führung basierend auf Komplexitätsdenken (Uhl-Bien et al. 2007), intuitive Führung (Vogler 2014) sowie verteilte und geteilte Führung (Gronn 2002; Pearce, Conger, 2003; Juuti 2013). Agile Führung scheint das Faktum zu unterstreichen, dass der Bereich der Führungskräfteentwicklung der heutigen Arbeitskultur Ideen aus einer Mischung von Theorien, Perspektiven und Quellen miteinbezieht, welche den Fokus von einer stark auf Führungsinhalte konzentrierten Form auf pragmatischere Formen verlagert, d. h. sich auf die Frage zu konzentrieren, wie Menschen unter den gegebenen Herausforderungen angemessen und erfolgreich führen können.

Dieser Trend - der in den Worten von Uhl-Bien et al. (2007) als „Führung im Kontext sich dynamisch verändernder Netzwerke informell interagierender Agenten" beschrieben werden kann - hat zu einer individualisierten und integrierten Personal- und Führungsentwicklung geführt, wobei Coaching zu einer immer bekannteren Methode bei der Entwicklung von Führungskräften wird (vgl. Virolainen 2010). Seit ungefähr 1990 widmen sich immer mehr Wissenschaftler dem Thema Unternehmensagilität (vgl. Womack et al. 1992). Im Bereich der Organisationsforschung wurde Agilität außerdem als „Fähigkeit beschrieben, Innovationsmöglichkeiten zu erkennen und diese wettbewerbsfähigen Marktchancen zu nutzen, indem die erforderlichen Vermögenswerte, Kenntnisse und Beziehungen mit Geschwindigkeit und Überraschung zusammengeführt werden" (vgl. Sambamurthy et al. 2003: 245). Des Weiteren wird Agilität als „Fähigkeit, schnell auf sich rasch ändernde Umstände zu reagieren (Brown & Agnew 1982: 29)" und / oder als „erfolgreiche Erforschung von Wettbewerbsgrundlagen (Geschwindigkeit, Flexibilität, Innovationsaktivität, Qualität und Rentabilität) durch die Integration von rekonfigurierbaren Ressourcen und Best Practices in einem wissensreichen Umfeld zur Bereitstellung kundenorientierter Produkte und Dienstleistungen in einem sich schnell ändernden Marktumfeld (vgl. Yusuf et al. 1999: 37). Reaktionsfähigkeit und Flexibilität, die Erhöhung der Geschwindigkeit (Time-to-Market-Relevanz) und die Fähigkeit, visionär, innovativ und strategisch zu sein, werden ebenfalls betont (vgl. Zhang, Sharifi 2000).

Im Kontext der Softwareentwicklung zum Beispiel, wie im Agilen Manifest[3] ausführlich erörtert, bedeutet Agilität, sich flexibel und dyna-

---

[3] See http://www.agilemanifesto.org/principles.html

misch an sich ändernde allgemeine Bedingungen anpassen zu können. Als Beispiel für eine agile Methode in Organisationen ermöglicht Scrum einem Team eine offenere Form der Interaktion und Kommunikation und fördert Selbstorganisation, Engagement und Transparenz sowie schnelle Feedbackkreise und Visionsfokus. Die Einführung agiler Methoden löst natürlich auch erhebliche organisatorische Veränderungen in Bezug auf Unternehmensstruktur und Unternehmenskultur aus.

Agile Transformationsprozesse von „klassisch" zu „agil" finden normalerweise auf drei Ebenen statt: Prozesse, Struktur und Kultur. Prozesse werden schlanker und transparenter, die Organisationsstruktur unterstützt interdisziplinäre und selbstorganisierte Teams und die seitliche Führung und ermöglicht eine schnellere Entscheidungsfindung und höhere Flexibilität sowie die Entwicklung einer Kultur der Offenheit, des Vertrauens, des Respekts und des Engagements. Im Vergleich zur klassischen Form der zentralisierten Führungsverantwortung sind diese in einem agilen Arbeitskontext auf verschiedene Rollen verteilt, z. B. den Product Owner, Scrum Master oder das Team selbst. Der Schwerpunkt liegt auf den Bereichen Strategieentwicklung und Personalmanagement sowie Mitarbeiterentwicklung. Der agile Manager kann loslassen und seinem Team Vertrauen schenken, eine partnerschaftliche Zusammenarbeit mit seinen Mitarbeitern pflegen, sie schätzen und respektieren und auf transparente und wertschätzende Weise kommunizieren (vgl. Häusling, Von Gloeden 2013: 62).

Angesichts der Tatsache, dass wir uns noch am Anfang des digitalen Zeitalters befinden, ist davon auszugehen, dass die Themen der agilen Zusammenarbeit und agilen Führung in den kommenden Jahren immer mehr an Bedeutung gewinnen werden. Natürlich wird diese Entwicklung positive und negative Auswirkungen auf bestimmte Arbeitsbereiche haben. Brynjolfsson und McAfee (2001) sind beispielsweise der Meinung, dass digitale technologische Entwicklungen möglicherweise negative Auswirkungen auf bestimmte Beschäftigungsarten haben könnten, beispielsweise auf routinemäßige Informationsverarbeitungsarbeiten. Sie sind der Ansicht, dass die Zusammenarbeit zwischen Computern und Menschen der Schlüssel für die künftige Schaffung von Arbeitsplätzen ist. „In den Bereichen Medizin, Recht, Finanzen, Einzelhandel, Fertigung und sogar wissenschaftliche Entdeckungen besteht der Schlüssel zum Gewinn des Rennens nicht darin, gegen Maschinen zu konkurrieren, sondern mit Maschinen zu konkurrieren" (vgl. Lohr 2011: 1).

Nachfolgend konzentrieren wir uns auf die strategische Personalentwicklung für agile Kompetenzen mit dem Fokus auf agiles Projektmanagement. Projekte als komplexe Sonderaufgaben mit Limits und ihr professionelles Management stellen einen Schlüsselfaktor für die Zukunftsfähigkeit von Unternehmen und Organisationen dar. Neben dem klassischen Projektmanagement sind im Zuge der Digitalisierung und dem Scaled Agile Management 4.0 agile Kompetenzen im Allgemeinen und Agiles Projektmanagement im Besonderen von großer Bedeutung. Eine strategische Personal- respektive Organisationsentwicklung kann hier von großem Nutzen sein (vgl. Nägele 2008, 2017, 2020; Simon 2017).

Wir haben dazu ein einfaches Vorgehensmodell entwickelt, das einen sehr pragmatischen Ansatz bietet, um relativ schnell notwendige agile Kompetenzen im Unternehmen zu identifizieren und auf ihrer Basis eine zielführende Personalentwicklung zu gestalten.

Oft benötigen kleinere Unternehmen und KMUs aber auch pragmatisch ausgerichtete Personalentwickler einfache und praktikable Lösungsansätze, um ihre Personalentwicklung schnell und effizient umsetzen zu können.

2. Strategische Personalentwicklung für agile Kompetenzen

Agiles Arbeiten in und außerhalb von Projekten wird für immer mehr Unternehmen zu einem Muss.

Damit agiles Arbeiten im agilen Projekt oder auch anderen agilen Arbeitsformen im Unternehmen funktioniert, braucht es entsprechende Qualifikationen und ein agiles Mindset bei allen, die agil arbeiten. Dieses Mindset muss wiederum im Rahmen der agilen Personalentwicklung agil arbeitenden Menschen vermittelt werden.

Die für agiles Arbeiten notwendigen Kompetenzen lassen sich sehr gut im **Magischen Dreieck agiler Kompetenzen**© darstellen. Die Entwicklung dieses Modells beruht auf wissenschaftlichen Studien zu agilen Kompetenzen mit empirischer Evidenz (Bolten 2017; Cusumano, Gawer, Yoffie 2019; Gallup 2019; IBM Global C-suite Study 2019; Ross 2019; Vogler, Lindeman 2015) und wurde von Nägele, Vogler (2019) in einem dreistufigen Verfahren entwickelt:

1. Wissenschaftliche Analyse der o. g. Studien und Erstellung eines ersten Rohentwurfs agiler Kompetenzen.

2. Diskussion dieser gesammelten Kompetenzen mit Personalentwicklern, Wissenschaftlern, Projektverantwortlichen und Organisationsentwicklern.

3. Entwicklung eines pragmatisch umsetzbaren Kompetenzmodells durch Verdichtung der gesammelten Erkenntnisse.

2.1 Das magische Dreieck agiler Kompetenzen©

Agile Kompetenzen lassen sich in drei Kompetenzbereichen zusammenführen, die in Summe das agile Kompetenzfeld bilden. Das nachfolgende Denkmodell macht den Zusammenhang deutlich.

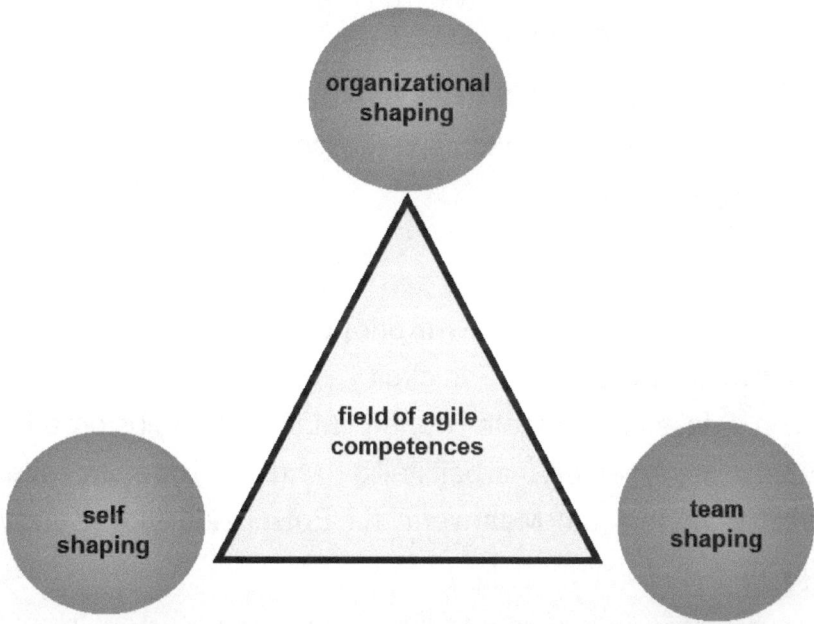

Abbildung 2: Magisches Dreieck agiler Kompetenzen© (Nägele, Vogler 2019)

self shaping ist die Eigenperspektive jeder agil arbeitenden Person

self shaping meint, sich selbst so zu steuern, dass eigene Fähigkeiten, die Agilität unterstützen, in die agile Zusammenarbeit eingebracht werden.

self shaping beinhaltet insbesondere Eigenschaften und Qualifikationen wie:

- Persönliche Integrität
- Kontinuierliche Lernbereitschaft

- Risikobereitschaft und Gestaltungswille
- Emotionale Intelligenz
- Improvisationsvermögen
- Anpassungsfähigkeit
- Reflexionsvermögen
- Feedback geben und nehmen können
- Fähigkeit sein Verhalten anzupassen
- Ambiguitätstoleranz

team shaping ist die Gruppenperspektive agiler Teams
team shaping meint die Fähigkeit, agile Teamprozesse so zu gestalten, dass mit einem hohen Maß an Selbstorganisation Aufgaben inkrementell, arbeitsteilig und anforderungsorientiert umgesetzt werden, um Mehrwerte für Entscheider und Kunden zu erzeugen.

team shaping beinhaltet insbesondere Eigenschaften und Qualifikationen wie:
- Teambuilding-Fähigkeiten
- Kenntnis gruppendynamischer Prozesse
- Coachingtechniken
- Gesprächsführungstechniken
- Empowerment
- Konfliktlösungskompetenz
- Kommunikationskompetenz für Kollaborationssysteme und zielführender Einsatz von IT-Technik
- Netzwerk-Intelligenz

- Fähigkeit zum Beziehungsaufbau und zum Teilen von Information
- Fähigkeit, Lernsysteme aufzubauen und zu pflegen

organizational shaping ist die Kontextperspektive der agilen Zusammenarbeit

organizational shaping meint die Fähigkeit, die Zielsetzung und Themen der agilen Zusammenarbeit zu steuern und zielführend Schnittstellen zur Unternehmensstrategie und betroffenen Organisationseinheiten zu managen.

organizational shaping beinhaltet i. B. Eigenschaften und Qualifikationen wie:

- Starke Kundenorientierung
- Fähigkeit, Ziele und Leistungsumfänge klar zu formulieren und zu vereinbaren
- Organisations-Networking
- Unternehmerisches Denkvermögen
- Stakeholderorientierung
- Strategisches Verständnis
- Entscheidungen im Unternehmen herbeiführen
- Fähigkeit, agile Arbeitskultur voran zu bringen und für ihren Einsatz zu werben
- Agile Umsetzungskonzepte für eine erfolgreiche Umsetzung bearbeiteter Themen zu designen
- Fähigkeit, agile Transformationsprozesse zu managen

3. Die Operationalisierung agiler Kompetenzen

Das durch *self, team und organizational shaping* aufgespannte *Magische Dreieck agiler Kompetenzen*© bildet im Rahmen einer strategisch ausgerichteten Personalentwicklung die inhaltliche Basis, um bei den agilen Handlungsträgern

- vorhandene agile Kompetenzen zu identifizieren,

- notwendigen Qualifizierungsbedarf im agilen Kontext zu identifizieren,

- Entwicklungspfade für Einzelpersonen, agile Teams und andere Organisationseinheiten zu definieren,

- zielführende Maßnahmen festzulegen und umzusetzen, um notwendige agile Kompetenzen sicherzustellen.

Wichtig ist hierfür, agile Kompetenzen so zu operationalisieren – also messbar zu machen – dass sie in der Personalentwicklung auch zielführend umgesetzt werden können. Wir haben das schon mehrfach für Unternehmen gemacht und arbeiten mit einem auf Excel basierten Skillmanagement.

Schritt 1

Wichtig ist in einem ersten Schritt die den drei Kompetenzbereichen zugeordneten Einzelkompetenzen so zu differenzieren, dass sie einer belastbaren Fremd- und Selbsteinschätzung unterzogen werden können. Wir werden das im Folgenden beispielhaft mit jeweils drei

Kompetenzen im jeweiligen Kompetenzfeld darstellen und dann wei-
terentwickeln.

Beispielhafte Einzelkompetenzen von self shaping	Operationalisierung der Einzelkompetenz
Ambiguitätstoleranz	Ist in der Lage, unklare Situationen im Umgang mit anderen Stakeholdern innerhalb und außerhalb von Projekten auszuhalten und eine positive Kommunikation zu den Stakeholdern zu gestalten.
Feedback geben und nehmen können	Kennt die klassischen Feedback-Regeln und ist in der Lage diese zielführend einzusetzen. Kann gleichzeitig Feedback nehmen und für sich in der Arbeit und der Work-Life-Balance umsetzen.
Kontinuierliche Lernbereitschaft	Informiert sich regelmäßig über Themen in seinem Fachgebiet und weiteren relevanten Arbeitsfeldern. Bildet sich aktiv und regelmäßig über unterschiedlichste Weiterbildungsformate weiter. Tauscht sich mit anderen regelmäßig inhaltlich und fachlich aus.

Beispielhafte Einzelkompetenzen von team shaping	Operationalisierung der Einzelkompetenz
Teambuilding-Fähigkeiten	Ist in der Lage, ein Projekt- oder auch anderes Arbeitsteam aufzubauen und Teammotivation zu erzeugen durch Vereinbarung von Spielregeln, verbindliches Vorleben von Werten, Schaffung von Struktur und Freiräumen und Einsatz gängiger Techniken wie Workshopgestaltung.
Gesprächsführungstechniken	Kennt die Unterschiede klassischer Gesprächsführungstechniken von direkter Gesprächsführung, indirekter Gesprächsführung mit aktivem Zuhören und Paraphrasieren bis hin zum gezielten Einsatz offener Fragen.
Fähigkeit zum Beziehungsaufbau und zum Teilen von Information	Kann im Team aktiv Beziehungen gestalten, entwickelt ein Gefühl für das Bedürfnis anderer nach Nähe und Distanz und schätzt proaktiv ein, wer welche Information braucht.

Beispielhafte Einzelkompetenzen von organizational shaping	Operationalisierung der Einzelkompetenz
Entscheidungen im Unternehmen herbeiführen	Ist in der Lage, direkte und weiterführende Entscheidungsträger für Projekte zu identifizieren und bei diesen über geeignete Methoden wie Präsentationen, Nutzenargumentationen oder persönliche Gespräche Entscheidungen für Projekte herbeizuführen.
Stakeholderorientierung	Ist in der Lage, für sein Projekt relevante Stakeholder zu erkennen, zu bewerten, zu kategorisieren und daraus zielführende Kommunikationsmaßnahmen abzuleiten, die geeignet sind, die Interessen dieser Stakeholder auszugleieichen und zu bedienen.
Fähigkeit, agile Transformationsprozesse zu managen	Ist in der Lage, agile Methoden auf den jeweiligen Arbeitskontext anzuwenden und maßzuschneidern. Kann andere agil Arbeitende gezielt über agile Methoden informieren und sie befähigen, sich diese anzueignen.

Schritt 2: Bewertung agiler Kompetenzen

Wir haben sehr gute Erfahrung mit einfachen Bewertungen gemacht. Um der Tendenz zum Mittelwert vorzubeugen, wählen wir häufig folgende qualitative Vierer-Skala, die scheinquantifiziert ist:

- 1 = sehr gering ausgeprägt
- 2 = gering ausgeprägt
- 3 = gut ausgeprägt
- 4 = sehr gut ausgeprägt

Diese Skala dient als Einschätzungsmaßstab. Nachstehend eine exemplarische Bewertung, der oben genannten Beispiele.

Agile Kompetenzen	Einzelwerte und Kennzahlen
Self shaping	**7**
Ambiguitätstoleranz	
Ist in der Lage, unklare Situationen im Umgang mit anderen Stakeholdern innerhalb und außerhalb von Projekten auszuhalten und eine positive Kommunikation zu den Stakeholdern zu gestalten.	3
Feedback geben und nehmen können	
Kennt die klassischen Feedback-Regeln und ist in der Lage diese zielführend einzusetzen und kann gleichzeitig Feedback nehmen und für sich in der Arbeit und der Work-Life-Balance umsetzen.	2
Kontinuierliche Lernbereitschaft	
Informiert sich regelmäßig über Themen in seinem Fachgebiet und weiteren relevanten Arbeitsfeldern bildet sich aktiv und regelmäßig über unterschiedlichste Weiterbildungsformate weiter. Tauscht sich mit anderen regelmäßig inhaltlich und fachlich aus.	2
Team shaping	**5**
Teambuilding-Fähigkeiten	
Ist in der Lage, ein Projekt- oder auch anderes Arbeitsteam aufzubauen und Teammotivation zu erzeugen durch Vereinbarung von Spielregeln, verbindliches Vorleben von Werten, Schaffung von Struktur und Freiräumen und Einsatz gängiger Techniken wie Workshopgestaltung.	2
Gesprächsführungstechniken	
Kennt die Unterschiede klassischer Gesprächsführungstechniken von direkter Gesprächsführung, indirekter Gesprächsführung mit aktivem Zuhören und Paraphrasieren bis hin zum gezielten Einsatz offener Fragen.	1
Fähigkeit zum Beziehungsaufbau und zum Teilen von Information	
Kann im Team aktiv Beziehungen gestalten, entwickelt ein Gefühl für das Bedürfnis anderer nach Nähe und Distanz und schätzt proaktiv ein, wer welche Information braucht.	2
Organizational shaping	**6**
Entscheidungen im Unternehmen herbeiführen	
Ist in der Lage, direkte und weiterführende Entscheidungsträger für Projekte zu identifizieren und bei diesen über geeignete Methoden wie Präsentationen, Nutzenargumentationen oder persönliche Gespräche Entscheidungen für Projekte herbeizuführen.	2
Stakeholderorientierung	
Ist in der Lage für sein Projekt relevante Stakeholder zu erkennen, zu bewerten, zu kategorisieren und daraus zielführende Kommunikationsmaßnahmen abzuleiten, die geeignet sind, die Interessen dieser Stakeholder auszugleichen und zu bedienen.	3
Fähigkeit, agile Transformationsprozesse zu managen	
Ist in der Lage, agile Methoden auf den jeweiligen Arbeitskontext anzuwenden und maßzuschneidern. Kann andere agil Arbeitende gezielt über agile Methoden informieren und sie befähigen, sich diese anzueignen.	1

Abbildung 3: Bewertung agiler Kompetenzen

4. Umsetzung agiler Kompetenzen in der Personalentwicklung

Wenn die Metrik wie oben dargelegt definiert wurde, verfügt man über das Grund-instrumentarium für eine zielführende Personalentwicklung agiler Kompetenzen in der Organisation.

In einem weiteren Schritt wird man mit jedem Mitarbeiter eine Selbsteinschätzung seiner agilen Kompetenzen durchführen, ergänzt um eine Fremdeinschätzung durch das agile Team.

Liegen die Bewertungen auseinander, werden die Einschätzungen nochmals besprochen und sodann auf einen Endwert festgelegt.

Die nachfolgende Tabelle macht den Zusammenhang deutlich.

Agile Kompetenzen	Selbsteinschätzung	Fremdeinschätzung durch Team	Abweichung	Endgültige Festlegung
Self shaping	7	5	2	6
Ambiguitätstoleranz	3	2	1	2
Feedback geben und nehmen können	2	1	1	2
Kontinuierliche Lernbereitschaft	2	2	0	2
Team shaping	5	5	0	6
Teambuilding-Fähigkeiten	2	2	0	2
Gesprächsführungstechniken	1	2	-1	2
Fähigkeit zum Beziehungsaufbau und zum Teilen von Information	2	1	1	2
Organizational shaping	6	8	-2	7
Entscheidungen im Unternehmen herbeiführen	2	4	-2	3
Stakeholderorientierung	3	3	0	3
Fähigkeit, agile Transformationsprozesse zu managen	1	1	0	1

Abbildung 4:   Selbst- und Fremdeinschätzung agiler Kompetenzen

4.1   Entwicklungspfade agiler Mitarbeiter

Wichtig ist es, den Entwicklungspfad gegen definierte Qualifikations-niveaus bezüglich agiler Rollen zu spiegeln. Tendenziell lassen sich die drei Kompetenzfelder exemplarisch an den Rollen bei Scrum, als einem der bekanntesten agilen Vorgehensmodelle widerspiegeln.

Das Projektteam heißt bei dieser Projektmanagement-Methode Scrum Team und beinhaltet die Rolle des Entwicklungsteams, des Scrum Masters und des Product Owners.

- Ein **Mitglied des Entwicklungsteams** wird seine Schlüssel-qualifikationen vor allem im Bereich *self* und *team shaping* ha-ben. *Self-shaping*-Qualifikationen stehen für Teammitglieder vor allem deshalb im Zentrum, da sie im heutigen VUCA-Ge-schäftsalltag verstärkt souverän handeln müssen und dies trotz ambivalenter, komplexer und sich schnell verändernder Informationen und Situationen. Diese Realität impliziert u.a. ei-nen erhöhten Bedarf an Anpassungsfähigkeit, Improvisations-vermögen sowie Ambiguitätstoleranz. Die Herausforderungen in einer stark netzwerkorientierten Berufswelt wachsen daher v.a. auch im Bereich der Beziehungsorientierung und damit der Empathie, emotionalen Intelligenz und Sensibilität (z.B. Feedbackkultur, Fehlerkultur, etc.). Dies bedeutet auch, dass das Thema Selbstführung immer für ein Teammitglied immer wichtiger wird.

- Bei einem ***Scrum Master*** gibt es einen starken Fokus im Be-reich *team shaping*. Der *Scrum Master* trägt nicht nur die Ver-antwortung für den Scrum-Prozess und dessen Implementie-rung, sondern vor allem auch für die Etablierung und Pflege einer Teamkultur, welche eine harmonische und effiziente Zusammenarbeit ermöglicht. Er ist insofern Vermittler und Unterstützer, der Hindernisse ausräumt und den Informations- und Kommunikationsfluss im Team und zwischen *Product Owner* und *Team* sicherstellt. D.h. seine *team-shaping*-Qualifikationen liegen vor allem in den Bereichen Teambuilding, Gruppendynamik und Beziehung, Coaching und Gesprächsführung, sowie Konfliktlösung, Kommunikation und Empowerment.

- Beim **Product Owner** liegt ein Schwerpunkt im Bereich *organizational shaping*. Der *Product Owner* ist für den wirtschaftlichen Erfolg eines Projektes oder eines Produktes verantwortlich. U.a. ist er für das Product Backlog Management zuständig. Er bildet die Schnittstelle zu den Stakeholdern wie z. B. zum Endkunden, Projektentscheidern und Nutzergruppen. Der *Product Owner* sorgt dafür, dass die Stakeholder immer über den Projektfortschritt informiert sind. Daher sind für ihn Qualifikationen im Bereich *organizational shaping* - wie beispielsweise eine starke Kunden- und Stakeholderorientierung, unternehmerisches Denkvermögen und strategische Kompetenz - besonders relevant. Er arbeitet somit sowohl sehr eng mit Endkunden als auch mit dem Entwicklungsteam zusammen und benötigt daher des Weiteren Kompetenzen im Bereich der Konzeption, Gestaltung und Implementierung agiler Transformationsprozesse und Organisationsentwicklung.

Da dieser Artikel nicht nur originär auf agile Projekte gemünzt ist, haben wir im nachfolgenden Beispiel neben den klassischen Scrum-Rollen auch noch die Rolle eines außerhalb von Projekten angesiedelten *Agile Team Facilitators* abgebildet, der agile Transformations-prozesse im Unternehmen auch außerhalb von Projekten begleiten würde.

- Beim **Agile Team Facilitator** liegen die Schwerpunkte im *team shaping* und *organizational shaping*. Diese Kompetenz-felder sind noch höher bewertet angesetzt als beim *Scrum Master* und *Product Owner*, da ein *Agile Team Facilitator* als Schnittstelle im Unternehmen fungiert, um agile Transforma-tion in der Gesamtorganisation voranzubringen. Damit braucht ein *Agile Team Facilitator* in allen Kompetenzbereichen aus-geprägte agile Qualifikationen, um seiner strategisch ausge-richteten Rolle gerecht werden zu können.

Folgende Tabelle macht den Zusammenhang deutlich.

	Kennzahlen Mitglied Entwicklungs-team	Kennzahlen Scrum Master	Kennzahlen Product Owner	Kennzahlen Agile Team Facilitator
Gesamtsumme	**60**	**100**	**100**	**145**
Self shaping	30	30	30	35
....	....	....	....	....
....	....	....	....	....
Team shaping	20	40	20	50
....	....	....	....	....
....	....	....	....	....
Organizational shaping	10	30	50	60
....	....	....	....	....
....	....	....	....	....

Abbildung 5: Kennzahlenentwicklung für Qualifikationsprofile agiler Mitarbeiter

Wenn man dann allgemein definierte Qualifikationsniveaus im Unternehmen sowie das Qualifikationsniveau einzelner Mitarbeiter bestimmt hat, kann man aus der Differenz ableiten, in welchen Bereichen Qualifizierungsbedarf besteht um diesen dann systematisch mit gängigen Methoden der Personalentwicklung zu befüllen.

Das nachfolgende Beispiel verdeutlicht dies.

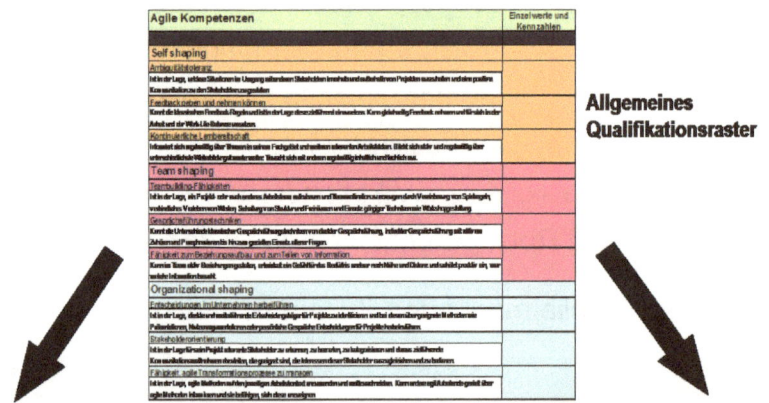

Abbildung 6: Bestimmung des Entwicklungspfades von Mitarbeitern im agilen Kontext

5.   Personalentwicklung für agiles Projektmanagement als Einführungsprojekt

Die Umsetzung von Personalentwicklung im oben dargelegten Sinne ist selbst ein Projekt. Wichtige Punkte dafür sind:

- Klare Auftragsklärung

- Projekt organisatorisch aufsetzen und die relevanten Entscheider identifizieren

- Agile Kompetenzprofile für das Unternehmen spezifisch definieren

- Anforderungen an die Mitarbeiter definieren

- Entwicklungspfade ableiten.

Generell empfiehlt sich ein Vorgehensmodell, das über Analysen und Konzepte zu einer Realisierung und Abnahme abgewickelt wird. Inwieweit so etwas eher klassisch über Phasen, hybridisiert mit entsprechenden Phasenüberlappungen oder komplett agil umgesetzt wird, hängt nicht zuletzt von der Unternehmenskultur und den Möglichkeiten der Gesamtorganisation ab. Wichtig in jedem Fall auch, durchgängig eine Prozessbegleitung und ein Change Management über die gesamte Projektdauer sicherzustellen.

Sehen Sie dazu die nächste Abbildung.

Abbildung 7:   Projektvorgehensmodell zur Umsetzung der strategischen
Personalentwicklung für Agiles Projektmanagement

6.   Conclusio

Dieser Artikel gibt Personal- und Organisationsentwicklern einen strategischen Leitfaden an die Hand, um gezielt agile Kompetenzen zu entwickeln, aufzubauen und zu stärken. Im Zentrum steht dabei die strategische Kompetenzentwicklung für Agiles Projektmanagement auf Basis des *Magischen Dreiecks agiler Kompetenzen*©.

Zusammengefasst lässt sich sagen:

- Das digitale Zeitalter hat erhebliche Auswirkungen auf die Organisations- und Arbeitskultur. Der Paradigmenwechsel ist zu einer Tatsache geworden, die alle Aspekte des Lebens durchdringt. In dieser Hinsicht erhält die Personalentwicklung im Hinblick auf Mitarbeiter- und Führungskompetenzen einen neuen strategischen Fokus.

- Das digitale Zeitalter und die agile Personalentwicklung sind auf einem aufstrebenden Niveau zu einer ganzheitlichen Einheit geworden. Diese Entwicklung muss sich in der Art und Weise widerspiegeln, wie Organisationen und Institutionen ihre Personalentwicklungs-, Mitarbeiter- und Führungsprogramme definieren, umsetzen und entwickeln.

- Personalentwicklung muss in diesem Zusammenhang strategisch werden und Agilität als Kernmoment begreifen und umsetzen.

- Personalentwicklung goes Agile.

7. Literaturverzeichnis

Abidi, S., Joshi, M. (2015): *The VUCA COMPANY*, Mumbai: Jaico Publishing House.

Apelo, J. (2011): *Management 3.0 Leading Agile Developers, Developing Agile Leaders*, Addison-Wesley Signature Series (Cohn), Boston: Addison-Wesley Professional.

Bass, B.M. (1990): "From transactional to transformational leadership: Learning to share the vision", in: *Organizational Dynamics*. Winter, 18 (3), S. 19-31.

Bolten, J. (2017): "Beschleunigte Veränderungsdynamiken, Unsicherheit und Komplexität: Herausforderungen an eine zukunftsorientierte Personalentwicklung", in: M. Hoffmann/J. Löffl/X. Luo u.a. (Hg.): *Zukunftsdesign. Offen. Innovativ.* Göttingen, S. 106-111.

Bolten, J., Berhault, M. (2015): VUCA-World, virtuelle Teamarbeitund interkulturelle Zusammenarbeit, in: K.v. Helmolt (Hg.): *Interkulturalität digital -Digitalisierung interkulturell (Arbeitstitel)*. Stuttgart: ibidem, http://iwk-jena.uni-jena.de/wp-content/uploads/2019/03/2018_Bolten_Berhault_Virtuelle_Teams_final.pdf (Accessed 15.04.2020).

Bosch, J., Bosch-Sijtsema, P.M. (2014): "ESAO: A holistic Ecosystem-Driven Analysis Model", in: C. Lassenius and K. Smolander (Hg.): *ICSOB 2014, LNBIP 182*, S. 179–193, 2014., Basel: Springer International Publishing Switzerland.

Brown, J., Agnew, N. (1982): "Corporate Agility", in: *Business Horizons*, vol. 25/2, S.29.

Brynjolfsson, E., McAfee, A. (2011): *Race Against The Machine: How the Digital Revolution is Accelerating Innovation, Driving Productivity, and Irreversibly Transforming Employment and the Economy*, Lexington: Digital Frontier Press, http://ebusiness.mit.edu/research/Briefs/Brynjolfsson_McAfee_Race_Against_the_Machine.pdf (Accessed 02.04.2020).

Buhse, W., Reinhard, U. (2009): *DNAdigital – Wenn Anzugträger auf Kapuzenpullis treffen: Die Kunst aufeinander zuzugehen*, Neckarhausen: whois verlags- & vertriebsgesellschaft.

Cusumano, M. A., Gawer, A., Yoffie, D.B. (2019): *The Business of Platforms: Strategy in the Age of Digital Competition, Innovation, and Power*, New York: Harper Business Publishing.

Davies, B.J., Davies, B. (2004): "Strategic leadership", in: *School Leadership and Management*, Vol. 24 No. 1, S. 29-38.

DDI (2012): "Studie Führungskräfteversagen im zwischenmenschlichen Umgang", in: *Development Dimensions International,* http://www.ddiworld.de/ddi-weltweit/europe/germany/germany-press-room/studie--fuhrungskrafte-versagen-im-zwischenmenschl (Accessed 20.04.2020).

DDI (2013): Five Leadership Development Trends You Can't Ignore, http://www.imakenews.com/ddi/e_article002675854.cfm?x=b11,0 (Accessed 20.04.2020).

Gallup Study (2019): *Rating World Leaders*, https://www.gallup.com/analytics/247061/rating-world-leaders-2019-report.aspx. (Accessed 26.04.2020).

Gronn, P. (2002): "Distributed leadership as a unit of analysis", in: *The Leadership Quarterly* 13, S. 423-451.

Guglielmo, F., Palsule, S. (2014): *The Social Leader, redefining leadership for the complex Social Age*, Brookline: Bibliomotion.

Hanssen, C., Alves, C., Bosch, J. (2014): "Special issue editorial: Understanding software ecosystem", in: *Information and Software Technology* 7: 7.

Haußmann, C. (2018): Überblick zu den verschiedenen Phasen der Arbeitsteiligkeit in der Menschheitsgeschichte (Bilddarstellung), https://www.butterflying.de/kulturwandel-voraussetzungen/

Hersey, P., Blanchard, K.H., Johnson, D.E. (2001): *Management of Organizational Behaviour: Leading Human Resources*, Eighth Edition, Upper Saddle River, NJ: Prentice Hall, Inc.

Häusling, A., Von Gloeden, D. (2013): *Die Relevanz agiler Personal- und Führungsinstrumente: Agile Führung als entscheidende Erfolgskomponente*, http://hr-pioneers.com/wp-content/uploads/2014/01/scan0001.pdf
(Accessed 02.04.2020).

IBM Global C-suite Study 2019 (IBM Institute for Business Value): „Build your Trust Advantage - Leadership in the era of data and AI everywhere", Insights from the Global Chief Executive Officer Study, https://www.eurolanresearch.com/wp-content/uploads/2018/03/IBM-CEO-Study-Leading-Through-Connections.pdf

Juuti P. (2013): *Jaetunjohtajuudentaito [The skill of shared leadership]*, Jyväskylä: PS-Kustannus.

Kahnemann, D. (2011): *Thinking, Fast and Slow*, London: Penguin Group.

Lohr, S. (2011): *More Jobs Predicted for Machines, Not People*, book review, The New York Times, 2011.10.23, http://www.ny-times.com/2011/10/24/technology/economists-see-more-jobs-for-machines-not-people.html?_r=0 (Accessed 02.04.2020).

Nägele, U. (2008/2020): *Projektorganisation*, in: Schriftlicher Lehrgang Projektmanagement, 1. und 2. Auflage, Freiburg: Haufe Akademie.

Nägele, U. (2017): "Mit der angewandten Themenzentrierten Interaktion zur erfolgreichen Projektumsetzung", in: www.projektmagazin.de, Ausgabe 03/2017 (Accessed 26.04.2020).

Nägele, U., Vogler, P. (2020): "GROW-Coaching für Retrospektiven", in: www.projektmagazin.de, Mai/2020 (Accessed 26.07.2020).

Pearce C.L., Conger J.A. (2003): *Shared Leadership: Reframing the Hows and Whys of Leadership*, Sage: Thousand Oaks.

Ross, J. W. (2019): "Leading the agile organization", in: *Harvard Business Review,* https://hbr.org/webinar/2018/12/leading-the-agile-organization (Accessed 26.04.2020).

Sambamurthy, V., Bharadwaj, A., Grover, V. (2003): "Shaping agility through digital options: reconceptualizing the role of information technology in contemporary firms", in: *MIS Quarterly*, 27(2), S. 237-263.

Simon, L. (2017): „Zukunftsfähigkeit: Schlüsselkompetenz Projektmanagement", in: https://www.haufe-akademie.de/blog/themen/personalentwicklung/zukunftsfaehigkeit-schluesselkompetenz-projektmanagement/(Accessed 26.04.2020).

Uhl-Bien, M., Marion R., McKelvey, B. (2007): "Complexity leadership theory: Shifting leadership from industrial age to the knowledge era", in: *The Leadership Quarterly* 18 (4), S. 298-318.

Virolainen, I. (2010): *Johdon coaching: Rajanvetoja, taustateorioitajaprosesseja*, Acta Universitatis Lappeenrantaensis 394.

Vogler, P. (2014): "Intuition at the Heart of Intercultural Management - On the self-conception of Intercultural Managers", in: *edoc-server publications Humboldt University Berlin* 1-4,   http://edoc.hu-berlin.de/oa/articles/reJ4IszIY3M/PDF/28roKacE9alew.pdf   (Accessed 02.04.2020).

Vogler, P., Nägele, U. (2019): "Magisches Dreieck agiler Kompetenzen©", in: E-Learning Tool Agilität, Stuttgart: WBS Training AG.

Vogler, P., Lindeman, A. (2015): "Leadership development for the Agile environment", in: *Studies in social sciences, humanities and engineering*, Kouvala: Publications of Kymenlaakso University of Applied Sciences.

Wagner, D.J. (2018): *Digital Leadership Kompetenzen –Führungsverhalten –Umsetzungsempfehlungen*, Wiesbaden: Gabler.

Womack, J., Jones, D., Roos, D. (1992): *Die zweite Revolution in der Autoindustrie: Konsequenzen aus der weltweiten Studie aus dem*

Massachusetts Institute of Technology, Frankfurt a./M., New York: Campus.

Yusuf, Y., Sahardi, M., Gunasekaran, A. (1999): "Agile manufacturing: The drivers, concepts and attributes", in: *International Journal of Production Economics,* vol. 62, No. 1-2, S. 33-43.

Zhang, Z., Sharifi, H. (2000): "A methodology for achieving agility in manufacturing organizations", in: *International Journal of Operations and Product Management* 20 (4), S. 496-513.

Zysman, J., Newman, A. (2006): *How Revolutionary Was the Digital Revolution? National Responses, Market Transitions, and Global Technology*, SERIES: Innovation and Technology in the World Economy, Redwood City: Stanford University Press.

Zeitfracht Medien GmbH
Ferdinand-Jühlke-Straße 7
99095 Erfurt, Deutschland
produktsicherheit@kolibri360.de